Stefan Schmit

Es reicht nicht aus, das Gute zu wollen!

Überlegungen aus Sicht einer Didaktik
auf (lern-)psychologischer Grundlage
zu Fragen der Digitalisierung
im Bildungsbereich

Bibliographische Information der Deutschen Nationalbibliothek

Die Deutsche Nationalbibliothek verzeichnet diese Publikation in der Deutschen Nationalbibliografie; detaillierte bibliografische Daten sind im Internet über http://dnb.d-nb.de abrufbar.

Verlag & Druck: tredition GmbH, Halenreie 40-44, 22359 Hamburg

ISBN Paperback   978-3-347-38796-6

Inhalt

Einleitung

In diesem Buch möchte ich einige Überlegungen zum Thema „Digitalisierung" entfalten, das derzeit nicht nur gesamtgesellschaftlich, sondern insbesondere auch in Hinblick auf den Bildungsbereich „in aller Munde" ist. Ich trage meine Überlegungen dabei aus Sicht eines Lehrers vor, der mitunter – und in der letzten Zeit vermehrt – recht irritiert auf die für den bzw. auf die im Bildungsbereich unter dem Schlagwort „Digitalisierung" geführten Diskurse blickt. Diese Irritation rührt daher, dass eine Vielzahl an Auseinandersetzungen mit ganz unterschiedlichen Akzentuierungen und Zielrichtungen stattfindet, wobei oftmals unausgesprochen die Botschaft vermittelt wird, dass dies *alles* doch relevanter Teil der gewünschten und notwendigen Digitalisierungsmaßnahmen ist, weswegen es den Anschein hat, dass dies *alles* auch – wie man heute so (un-)schön sagt – als *alternativlos* anzusehen ist (TINA).[1]

---

[1]Vor dem Hintergrund, dass der Schwerpunkt dieses Buches auf Fragen des Lehrens und Lernens liegt, hebt die Verwendung des Begriffes „Digitalisierung" hier auch zumeist auf Lehr-Lern-Kontexte ab. Eine solche Akzentuierung scheint mir dabei auch den aktuellen Digitalisierungsdiskurs zu dominieren, auf den ich Bezug nehme. Ausdrücklich betonen möchte ich, dass damit aber nur ein kleiner Ausschnitt der Fragen thematisch wird, die sich beim Thema „Digitalisierung" in Hinblick auf schulische Zusammenhänge stellen. Dieser Diskurs müsste darüber hinaus beispielsweise auch berücksichtigen, wie veränderte Kulturen des Lesens und Schreibens Denken verändern bzw. welche Formen des Denkens mit unterschiedlichen Lese- und Schreibkulturen zusammenhängen, er müsste in den Blick nehmen, wie Digitalisierung soziale Beziehungen, Individualisierungsprozesse, aber auch interpersonale Kommunikation formt bzw. verändert und wie neue Technologien unseren Alltag prägen oder die Frage nach dem veränderten Verhältnis von Öffentlichkeit und Privatheit stellen (vgl. Kiper, 2013, 222ff) – und dabei auch den Blick auf ein „Recht auf Vergessenwerden" richten (vgl. Garton Ash, 2016, 461ff). Daneben sind sicherlich in besonderer Weise die algorithmische

Der Versuch, eine Systematik in die Diskursvielfalt zu bringen, bleibt bislang weitestgehend aus. Und so wird beispielsweise beim Blick auf angebotene (Online-)Veranstaltungen zum Thema „Digitalisierung" für Lehrerinnen und Lehrer oftmals ein buntes Allerlei an Inhalten und Themen deutlich, deren verbindendes Element im Zweifelsfall nur der Umstand ist, dass über „irgendetwas Digitales" berichtet wird. Darüber hinaus lassen sich mit Blick auf einzelne (visionäre) Akteurinnen und Akteure, die nicht selten mit blumigen Worten sich selbst bzw. die ihnen ihrer Ansicht nach zukommende Rolle umschreiben, mitunter weder ihre Positionierung im Diskurszusammenhang noch ihre Interessen bzw. ggf. vorhandene finanzielle Zusammenhänge adäquat erschließen. Zudem wird beispielsweise nicht immer deutlich, inwiefern auftretende Akteurinnen und Akteure als Lehrerinnen und Lehrer über – wie Taleb (2018) es nennt – *skin in the game* verfügen – oder ob zum Beispiel von „außen" Forderungen an Schule und Unterricht herangetragen werden

---

Auswertung von Daten und ihre Konsequenzen – gerade auch in Hinblick auf den Aspekt, was sich unserer Kontrolle entzieht – zu bedenken, der Blick müsste aber auch auf Technikfragen im engeren Sinne gerichtet werden und auch die Herausforderungen „analogen und digitalen Lebens" müssten kontrastierend betrachtet werden.
Die Kultusministerkonferenz (2016) hat in ihrem Strategiepapier „Bildung in der digitalen Welt" einen deutlich breiteren Blick auf das Thema „Digitalisierung" im Bildungsbereich geworfen. Im schulischen Kontext ist diese Veröffentlichung m. E. aber bislang zu wenig rezipiert worden – und das, obwohl es für den erforderlichen Digitalisierungsdiskurs hilfreich wäre, die hierin vorgedachten Gesichtspunkte kritisch gegenzulesen und weiterzudenken.

bzw. solche externen Forderungen kritiklos intern rezipiert werden.[2]

Dieser gerade umrissene Ist-Zustand muss insgesamt als höchst unbefriedigend angesehen werden. So gibt es schließlich unterschiedliche Adressaten (z. B. Bildungsadministration, Schulleitungen, (Fach-)Lehrerinnen und -Lehrer, IT-Kräfte), für die je unterschiedliche Fragestellungen, Themen und Aspekte bedeutsam sind bzw. sein sollten. Beispielsweise kann die Frage nach der Rechtssicherheit hinsichtlich der Verwendung bestimmter Software/Apps für schulische Zwecke nicht auf Lehrerebene und damit letztlich individuell gelöst werden. Fehlende Differenzierungen und Unklarheiten bezüglich der handelnden Akteurinnen und Akteure in den derzeitigen Digitalisierungsdiskursen sind aber auch deshalb als unbefriedigend anzusehen, weil so notwendige Ansatzpunkte für berechtigte Kritik nicht deutlich bzw. kaschiert werden, beispielsweise wenn alte reformpädagogische Ideen i. S. von Entlastungstheorien erneut auf die Diskursebene gehoben bzw. kritiklos rezipiert werden oder eine auf die Auflösung historisch gewachsener Schulstrukturen im weiteren Sinne bezogene Schulkritik (radikale Schulkritik; vgl. zu dieser Begrifflichkeit Kiper, 2013) im Kontext der Diskussion technischer Möglichkeiten quasi *en passant* geführt wird. Grundlegende Unterscheidungen – beispielsweise in Hinblick auf bildungssystem- und didaktikbezogene Positionierungen auf der einen Seite und mit Blick auf technische Umsetzungen auf der

---

[2]Der Umstand, dass diesbezüglich auch in anderen Diskussionszusammenhängen in Hinblick auf Schule und Unterricht blinde Flecken vorhanden sind, kann hierbei nicht als eine Entschuldigung gelten.

anderen – sind daher dringend erforderlich, um die notwendigen Diskussionen über Digitalisierung differenziert führen zu können. Ebenso erscheint es bedeutsam, vorhandene Interessenlagen sowie ggf. existierende finanzielle Zusammenhänge transparent abzubilden.

In Zusammenhang mit der Corona-Pandemie und ihrer gesellschaftlichen Bewältigung lässt sich derzeit eine beschleunigte Entwicklung in Hinblick auf den Bereich der Digitalisierung von Schule und Unterricht feststellen, ohne dass dabei – aus einer Metaperspektive – relevante Unterscheidungen wie die oben aufgeführten in der Breite zum Thema gemacht werden. Angesichts kurzfristig eingeforderter neuer Formen des Lehrens und Lernens (Stichwort: Lernen zu Hause; umschichtiger Realunterricht; Distanzlernen) stehen Lehrerinnen und Lehrer – aber auch Schülerinnen und Schüler sowie Eltern – vor großen Herausforderungen, die sie jedoch weitestgehend allein meistern müssen, weil der Aufbau und die Umsetzung geeigneter Unterstützungsstrukturen und Unterstützungsmaßnahmen den Erfordernissen hinterherlaufen, was u. a. daran sichtbar wird, dass Qualifizierungsmöglichkeiten (mit durchaus großer Streuung in der Qualität) in der Krise erst allmählich in der Breite aufgebaut werden. Und so besteht derzeit neben der Gefahr einer Zunahme von bereits bestehenden Bildungsungerechtigkeiten auch die Gefahr der Verflachung unterrichtlicher Anforderungen, weil die vielgestaltigen Fragen des Lehrens und Lernens mit digitalen Möglichkeiten – beispielsweise in Hinblick auf die inhaltliche Passung bzw. Anschlussfähigkeit unterschiedlicher digitaler Angebote oder mit Blick auf den Umgang mit zunehmender

Materialfülle/zunehmenden Daten (Diskussionsverläufe in Chats, von jeder Schülerin/jedem Schüler digital eingereichte Aufgabenbearbeitungen, …)[3] – unzureichend beantwortet sind und vorhandene Defizite (z. B. auch hinsichtlich der Ausstattung mit Endgeräten oder in Hinblick auf die erforderliche IT-Infrastruktur) nicht kurzfristig behoben werden können.[4]

In dieser Situation tragen derzeit auch die Didaktiken wenig zu weitergehenden Klärungen bei. Denn außer im Kontext einer erneuten Rezeption wenig tragfähiger reformpädagogischer Ideen, auf die ich eben schon verwiesen habe, sowie in Form einer Beschäftigung mit Möglichkeiten und Grenzen einzelner Digitalisierungsprodukte wie bestimmten Geräten oder Apps lässt sich kaum eine umfängliche didaktische Auseinandersetzung mit diesem Themenbereich ausmachen. Und gerade die letztgenannte, aktuell stattfindende Auseinandersetzung mit Digitalisierungsprodukten erweckt den Eindruck, dass es doch vornehmlich um Fragen der Handhabung/Nutzung bestimmter technischer Artefakte (oftmals auch mit dem Fokus auf Fragen der Backend-Bedienung) geht, während bedeutsame didaktische Fragestellungen von einer eher untergeordneter Bedeutung sind bzw. die Auseinandersetzung oftmals an der Stelle abbricht, an der es aus didaktischer Sicht gehaltvoll wird. Analoge Pendants werden beispielsweise oftmals gar nicht kontrastierend thema-

---

[3]Hier wird insbesondere das Problem des passenden Verhältnisses von Gruppen- und Einzelfokus in Hinblick auf Unterricht deutlich.
[4]Bei aller Kritik ist an dieser Stelle vor allem aber auch Miller und Oelkers (2020, 286) zuzustimmen, wenn sie konstatieren, dass Schule in der Krisenzeit nicht nach Zumutungen sucht, sondern Schulen und vor allem Lehrpersonen mit Kreativität, Ideenreichtum und pragmatischem Handeln Lösungen ermöglichen.

tisiert. Stattdessen rückt das digitale Medium als solches in den Fokus und es wird den Lehrerinnen und Lehrern wohl v. a. aufgrund seines „Digital-Seins" in besonderer Weise zur Nutzung anempfohlen, während zugleich notwendige didaktische und darüber hinausgehende unterrichts- und schultheoretische Reflexionen – z. B. vor dem Hintergrund einer integrativen Didaktik (vgl. z. B. Kiper & Mischke, 2004; 2006) – weitestgehend ausbleiben.

Aufseiten der Lehrerschaft korrespondiert diese Art der Auseinandersetzung übrigens oftmals mit der Herausbildung eines besonderen und durchaus auch abgrenzenden Jargons, welcher nicht auf didaktische Legitimationen und anderweitige didaktische Betrachtungen usw. rekurriert, sondern in Wendungen wie „ein Wiki erstellen" oder „ein Kahoot machen" die digitalen Produkte in den Mittelpunkt des Redens stellt – gerade so, als würden diese für sich selbst sprechen.[5] All dies trägt dazu bei, dass es – zugespitzt formuliert – mitunter so erscheint, als ob es in Zukunft ausreichen würde, Schülerinnen und Schüler mit dem benötigten Endgerät, einer geeigneten App und zugehörigem Methoden- resp. Bedienungswissen auszustatten, um erfolgreiches Lernen zu ermöglichen, welches aufgrund der Nutzung digitaler Möglichkeiten dabei zumeist auch als weniger anstrengend aufgefasst wird. Eine solche Ansicht wird im Übrigen nicht selten von Eltern sowie Schülerinnen und Schülern in Diskussionen über Digitalisierung zum Ausdruck gebracht und

---

[5]Beim Blick auf die Lehrerinnen und Lehrer zeigt sich dabei z. T. auch eine Generationenkluft, weil diese während ihrer Berufslaufbahn in unterschiedliche Auffassungen vom Lehren und Lernen eingeführt wurden.

dürfte wohl auch einen nicht unerheblichem Anteil an der Einrichtung von Laptop- oder Tabletklassen haben (zu einer kritischen Betrachtung einer solchen Position siehe z. B. auch de Bruyckere, Kirschner & Hulshof, 2015, 158ff). Davon, dass auch bei zunehmender Digitalisierung von Schule und Unterricht Vieles beim Alten bleibt und bleiben muss, wenn Schule ihren vielfältigen Aufgaben gerecht werden will und diese nicht auf- bzw. abgeben will, ist demgegenüber wenig zu hören.

Die in Hinblick auf didaktische Auseinandersetzungen gerade geschilderte Sachlage kann ebenso wie die zuvor allgemein dargestellte Situation hinsichtlich der Digitalisierungsdiskurse mit Blick auf den Bildungsbereich nicht als zufriedenstellend angesehen werden – und dies vor allem auch deshalb, weil die Didaktik bzw. genauer eine – in der Tradition Aeblis (1987; 1983) stehende – Didaktik auf (lern-)psychologischer Grundlage einen essentiellen Beitrag zum Digitalisierungsdiskurs leisten könnte, indem sie aufzeigt, wie über Medien und ihre Nutzung ausgehend von relevanten Fragen des Lehrens und Lernens professionell nachgedacht werden kann. Im Weiteren versuche ich diese Perspektive vor dem Hintergrund ausgewählter didaktischer Überlegungen exemplarisch zu entfalten. Beginnen werde ich dabei mit einer „kühnen" These zum Lernen, vor deren Hintergrund ich anschließend diskutiere, wie wir über dieses Thema aus Sicht einer Didaktik aus (lern-)psychologischer Grundlage nachdenken sollten. Im Anschluss daran stelle ich exemplarisch zurückzuweisende Forderungen und fragliche Ansichten im Digitalisierungs-Diskurs heraus, ehe das Buch mit einem Fazit schließt.

Meinen weiteren Überlegungen voran stelle ich nun aber – im Sinne der oben deutlich gewordenen Kritik hinsichtlich der oftmals vorzufindenden Vagheit bezüglich der Positionierung der am Diskurs beteiligten Akteurinnen und Akteure – meine Ansichten zum Thema „Schule und Digitalisierung" in Hinblick auf Unterricht.

Ich halte Schulen für eine geniale gesellschaftliche Errungenschaft, die wenn es sie nicht gäbe, dringend erfunden werden müssten. Und dies gilt gleichermaßen für die Idee des Lernens in verschiedenen Fächern (zu denen m. E. auch Informatik gehören sollte), die Einrichtung von Jahrgangsklassen, das Lernen nach einer Taktung basierend auf Stundentafeln, die Anordnung relevanter Inhalte über Schuljahre hinweg auf Basis von Curricula, die besondere Form der Vermittlung über schulischen Unterricht, in dem es zur personalen Begegnung von Lehrerinnen/Lehrern und Schülerinnen/Schülern kommt, was u. a. auch ein Lernen am Modell ermöglicht, usw. Durch fachliche Kanons erfolgt dabei m. E. keine Gängelung der Schülerinnen und Schüler, sondern sie fundieren den Wissenserwerb innerhalb von Schuljahren und über die Schuljahre hinweg und ermöglichen einer sich zunehmend ausdifferenzierenden und divergierenden Gesellschaft eine geteilte Wissensbasis. Kennzeichnend für Schulen ist daneben auch immer eine zeitliche Begrenztheit auf verschiedenen Ebenen (z. B. in Hinblick auf die tägliche Unterrichtzeit und Hausaufgabenzeit, auf die Dauer von Schuljahren und mit Blick auf die Schulzeit insgesamt). Schulen sind meinem Verständnis nach der Ort, an dem die gesamte nachwachsende Generation jene Basisqualifikationen vermittelt bekommen sollte, die den Zugang zu Kultursystemen eröffnen (vgl. Baumert et al., 2011, 9). Schule soll allgemeine Bildung ermöglichen, d. h. unterschiedliche Horizonte des Weltverstehens und der Welterschließung, die unmittelbar an verschiedene Fächer gebunden sind (vgl. Schmit, 2010). Dabei muss es auch darum gehen, dass Schülerinnen und Schüler dazu befähigt werden, sich in der analogen und in der digitalen Welt gleichermaßen kompetent bewegen zu können (vgl. auch Kiper, 2013, 241). Lehrerinnen und Lehrern kommt im schulischen Kontext eine besondere Bedeutung zu, obliegt ihnen doch die Aufgabe, komplexere Sachverhalte zu vermitteln, wobei der Fokus nicht nur auf der Präsentation der Lerninhalte liegen darf, sondern vor allem auf die Aneignung selbiger durch Schülerinnen und Schüler gerichtet sein muss (vgl. Steindorf, 1981, 18). Lehrerinnen und Lehrer sind also gerade nicht reduziert auf die Rolle einer Lernbegleiterin/eines Lernbegleiters oder einer Moderatorin/eines Moderators von Lernprozessen, sondern sie sind Vertreterinnen und Vertreter einer Profession, denen es unter anderem zukommt, vor dem Hintergrund lernpsychologischer Überlegungen Lehr-Lern-Arrangements für Gruppen/Klassen zu entwickeln, die das Lernen jedes Einzelnen im Fokus haben, das technologisch nicht abkürzbar ist. Damit steht im Mittelpunkt von Schule und Unterricht also gerade nicht schlichte Beschäftigung oder Geschäftigkeit der Schülerinnen und Schüler. Digitalisierungsprodukte unterstützen Lehrerinnen und Lehrer bei der Hauptaufgabe ihres Berufs, dem Unterrichten; sie sind dabei aber weder Selbstzweck noch ersetzen sie Lehrerinnen und Lehrer. In Hinblick auf bestimmte Fächer und mit Blick auf die mit ihnen verbundenen Zugänge zur Welt können und sollten aber auch einzelne digitale Möglichkeiten als solche selbst Inhalt des Unterrichts sein.

Die derzeitige Corona-Situation verstehe ich darüber hinaus nicht – im Sinne einer Zäsur – als Zeitpunkt für ein Neudenken und Neuentwickeln von Schule und schon gar nicht als Blaupause für eine Schule der Zukunft, sondern als eine Krisenzeit, nach der eine Rückkehr zu bekannten Strukturen erfolgen sollte, insbesondere auch angesichts des Umstandes, dass Lehren und Lernen derzeit an die Orte verlagert wird, die in den Schulleistungsstudien in deutlichem Maß für unterschiedliche Bildungserfolge verantwortlich gemacht werden (vgl. Miller & Oelkers, 2020, 281). Gleichwohl gehen – wie von vielen Diskursen über Schule und Unterricht – natürlich auch von der aktuellen Situation Impulse zur Weiterentwicklung von Schule und Unterricht aus, ohne dass dabei jedoch Schule komplett neu erfunden werden müsste (vgl. Miller & Oelkers, 2020), was in der aktuellen Situation auch als entlastend zu verstehen ist.

„Kühne" These

Natürlich könnte es mir entgangen sein, aber nach dem, wie sich mir der Sachverhalt darstellt, hat sich die kognitive Ausstattung des Menschen seit der Erfindung des Computers bzw. seit der Verfügbarkeit von Smartphones und Ähnlichem nicht sprunghaft verändert. Wir sind also heute keine neuen Menschen mit neuen geistigen Ressourcen. Vielmehr verfügen wir dem Grundsatz nach über die gleiche kognitive Ausstattung wie unsere Vorfahren – und damit gelten für uns beispielsweise auch in gleicher Weise die in der Lehr-Lern-Psychologie schon seit langer Zeit beschriebenen Regelhaftigkeiten für das Lernen – und keine neuen! Es gibt keine neuen „Aufnahme"-Kanäle, über die die Menschen heute verfügen und mit denen sie „Digitales" in besonderer Weise rezipieren können – es gibt kein neues Ohr, kein zusätzliches Auge!

Und damit bleibt – und das ist meine „kühne" These für das Lehren und Lernen – zunächst einmal Vieles beim Alten. Ich frage mich diesbezüglich mitunter nur, ob überhaupt hinreichend klar ist, was dieses „Alte", wenn man so will das didaktische „Rüstzeug" hinsichtlich relevanter Aspekte des Lehrens und Lernens, überhaupt ist.[6] Einiges sei exemplarisch genannt (für

---

[6]Diese Frage drängt sich mir unter anderem in Hinblick auf Untersuchungen auf, in denen deutlich wird, dass zwischen (publizierten) Praxisempfehlungen und dem wissenschaftlichen Diskussionsstand oftmals deutliche Lücken klaffen (vgl. z. B. Vidal, 2020). Auch habe ich den Eindruck, dass es im didaktischen Diskurs mitunter vornehmlich um die Nennung bestimmter (blumiger) Schlüsselbegriffe (*buzzwords*) geht und weniger um die damit verbundenen theoretischen Überlegungen und ihre Einordnung. Daneben stellt sich mir diese Frage aber auch, weil in Studien wiederholt von im Bildungsbereich tätigen Personen auf verschiedenen Ebenen aus lernpsychologischer Sicht nicht bzw. nur in Teilen haltbare

weitere Punkte: Schmit, 2014, 2019; Kiper & Mischke, 2009; in weiten Teilen auch Greutmann, Saalbach und Stern (2020)):

- Der Erwerb kulturell-tradierten Wissens, das im Mittelpunkt von Schule und Unterricht steht, läuft aufseiten der Lernenden nicht „natürlicherweise" ab, weil der Mensch hierfür über keine Start-up-Mechanismen verfügt (vgl. Stern, 2004). Stattdessen ist dieser Wissenserwerb in deutlicher Weise von „künstlich" geschaffenen Lernumgebungen abhängig, die das Lernen in je unterschiedlichem Ausmaß befördern können (vgl. Steins, Bitan und Haep, 2014, 56ff).

- Lehren und Lernen muss der Struktur und den Möglichkeiten unseres Gedächtnisses Rechnung tragen (Stichwort: Mehrspeichermodell des Gedächtnisses). So gilt es grundsätzlich zu unterscheiden zwischen *Phasen der ersten Aneignung von Wissen* und *Phasen der Konsolidierung von Wissen*, für die je unterschiedliche Aspekte für die Gestaltung von Lehr-Lern-Arrangements bedeutsam sind (vgl. z. B. Wellenreuther, 2018, 49ff). Erfolgreiches Lehren, das nachhaltiges Lernen ermöglicht, muss den Teilprozessen *Verstehen – Behalten – Abrufen (Erinnern)* aufseiten der Lernenden gerecht werden (vgl. z. B.

Ansichten zur Relevanz verschiedener Faktoren beim Lehren und Lernen sichtbar werden (vgl. z. B. Snider & Roehl, 2007; Grospietsch & Mayer, 2019 – Dabei ist in Hinblick auf letztgenannte Studie zu berücksichtigen, dass hier trotz des richtigen Verweises auf unzutreffende Ansichten der vertretende Ansatz einer Neurodidaktik mit Blick auf Unterricht insgesamt eher kritisch zu bewerten ist. Zu diesem Themenkreis sei auf Sterns (2004) einordnenden Beitrag „Wieviel Hirn braucht die Schule?" verwiesen). Daneben kommen aber auch in oft und scheinbar gerne bewusst rezipierten Zitaten, Sprüchen und Aphorismen zum Lehren und Lernen aus lernpsychologischer Sicht nicht bzw. nur in Teilen haltbare Ansichten zum Ausdruck (vgl. Willingham, 2009, 46f).

Steiner, 2020). In diesem Kontext muss berücksichtigt werden, dass ein Transfer des Gelernten ein nicht-trivialer Lerneffekt ist (vgl. Klauer, 2011), der unter anderem durch (fachliches) Wissen und Übung/Praxis befördert werden kann (vgl. Willingham, 2009).

- Bei Lehr-Lern-Umgebungen ist zwischen *Makrostrukturen* und *Mikrostrukturen des Lernens* zu unterscheiden. Während erstgenannte auf Grundmodellen der lernwirksamen Anordnung von Inhalten (z. B. Spiralcurriculum, progressive Differenzierung, *shortest path*) fußen und somit Hinweise über curriculare Abfolgen liefern, basieren Mikrostrukturen auf Überlegungen zu den für verschiedene Lernziele zu organisierenden kognitiven Prozessen aufseiten der Lernenden (Basismodelle des Lernens und konkrete Lehr-Lern-Handlungen) (vgl. z. B. Kiper & Mischke, 2009; Schmit, 2019).

- Der Blick auf Makro- und Mikrostrukturen des Lernens macht zugleich deutlich, dass von *Graduierungen einer Kompetenz* nicht unmittelbar auf die *Sequenzierung von Lernprozessen zum Kompetenzerwerb* geschlossen werden kann. Beide sind deutlich voneinander zu unterscheiden. Ebenso muss deutlich zwischen dem *(Ein-)Fordern einer Kompetenz* und *Wegen zum Aufbau von Kompetenzen* unterschieden werden (vgl. z. B. Schmit, Peters, Schlump & Kiper, 2010; Willingham, 2009, 143f).

- Entgegen vielfach vorzufindender didaktischer Annahmen ist daneben nicht Interesse oder Motivation, sondern die *Lenkung der Aufmerksamkeit* von den irrelevanten Sachverhalten weg und zu den relevanten Sachverhalten hin verbunden mit der *kognitiven Beschäftigung mit selbigen sowie die Tiefe dieser*

Auseinandersetzung von zentraler Bedeutung für erfolgreiches Lernen (vgl. z. B. den Lehr-Algorithmus von Klauer & Leutner, 2007, 67ff; Schmit, 2014, 331ff; zum Thema Aufmerksamkeit siehe zudem van der Stighel, 2018, 2016). Ablenkungen durch verschiedenste Reize sind in Hinblick auf den Lernerfolg als kritisch anzusehen (vgl. z. B. Seel & Hanke, 2010, 49ff). Dies hängt vor allem auch damit zusammen, dass Menschen nicht dazu in der Lage sind, mehrere Aufgaben parallel zu erledigen. Menschen sind dem Wortsinn nach keine Multitasker (und können sich diese Fähigkeit auch nicht antrainieren). Vielmehr wechseln sie – in scheinbaren „Multitasking-Situationen" – zwischen den verschiedenen Aufgaben, bearbeiten diese also sequentiell und nicht parallel. Die hierbei stattfindenden Wechsel sind dabei mit *switch costs* verbunden ist (vgl. hierzu z. B. van der Stighel, 2018).

- Auch wenn in didaktischen Konzeptionen gerne mal Schülerinnen und Schüler als Expertinnen und Experten ausgewiesen werden, gilt es zu berücksichtigen, dass diese in Hinblick auf das meiste, was im schulischem Unterricht zum Thema gemacht wird, als Novizen anzusehen sind, die zum Beispiel in Hinblick auf Problemsituationen gerade nicht über relevante Lösungsschemata verfügen, sondern sich oftmals an Oberflächenmerkmalen orientieren und eher arbeitsgedächtnisbelastende und zumeist wenig effektive Lösungswege einschlagen wie zum Beispiel Mittel-Ziel-Analysen (vgl. z. B. Kirschner & Hendrick, 2020, 4ff; Willingham, 2009, 127ff).

- Durch geeignetes *Classroom-Management*, zu dem beispielsweise Elemente wie Allgegenwärtigkeit und Überlappung, aber auch

Flüssigkeit, Reibungslosigkeit und Schwung gehören, lassen sich besonders lernförderliche Situationen in Gruppen/Klassen erzeugen (vgl. z. B. Wellenreuther, 2019, 78ff; Kounin, 1976/2006).

- Es gibt keine allgemeine Überlegenheit *kooperativen Lernens* gegenüber individuellem Lernen. Jedoch kann unter bestimmten kritischen Bedingungen kooperatives Lernen erfolgreich sein, beispielsweise wenn Fallen des Lernens in Gruppen wie *groupthink* oder *entrapment* Berücksichtigung finden oder dem Trittbrettfahrereffekt entgegengewirkt wird (vgl. Kiper & Mischke, 2008; Schmit, 2009).

- Fähigkeiten *selbstregulierten Lernens* werden nicht einfach durch Einfordern selbiger aufgebaut, sondern erfordern einen langfristig angelegten Kompetenzaufbau, bei dem verschiedene Facetten (z. B. inhaltliches Wissen über Selbstregulation, Kenntnisse über hilfreiche und störende Faktoren beim Lernprozess) zum Tragen kommen (vgl. Kiper & Mischke, 2008), wobei es weniger um formale Aspekte (z. B. aufgeräumter Schreibtisch, Bereitlegen erforderlicher Unterlagen) geht, sondern zuvorderst um die Fähigkeit, Mikroprozesse des Lernens zu organisieren, zu steuern und zu regulieren (vgl. Steiner, 2020). Nicht nur in diesem Kontext sind dabei auch Fragen der *Selbstdisziplin* für erfolgreiches Lernen zu bedenken (vgl. Baumeister & Tierney, 2012).

Ein besonderes Augenmerk ist in Hinblick auf das Thema „Digitalisierung" sicherlich der Bedeutung von Medien zu Lernzwecken zu widmen. Hierzu hat Clark bereits in den 1980er-Jahren herausgestellt: „The best current evidence is that media are mere vehicles that deliver instruction but do not influence student achievement any more than the truck that delivers our groceries causes changes in our nutrition" (Clark, 1983, 445).

Und in einer neueren Publikation führt er – gemeinsam mit Feldon (2014) – weitergehend aus, dass es bis dato keine Nachweise dafür gibt, dass ein Medium bzw. eine Kombination verschiedener Medien zu besseren Lernergebnissen führt. Vielmehr ist es so, dass bessere Lernresultate in diesbezüglichen Studien stets über andere Faktoren als den Faktor „Medien" erklärt werden können, beispielsweise über lernpsychologische Regelhaftigkeiten, über Intelligenz, über sozio-ökonomische Zusammenhänge usw.[7] Und damit bleibt auch der von Clark in den 1990er-Jahren formulierter Grundsatz bis heute aktuell: „Media will never influence learning" (Clark, 1994).[8]

---

[7]Ohne hierauf nun weiter eingehen zu können, sei doch angemerkt, dass diese Art der Zuordnung mit einer grundlegenden Frage wissenschaftlichen Arbeitens und wissenschaftlicher Theoriebildung zusammenhängt, und zwar der Frage, auf welche Art und Weise die sich uns immer nur als Einheit darstellende Welt (künstlich) in Bereiche/Kategorien einzuteilen ist, sodass sich nomische Muster für Erklärungszusammenhänge ergeben, die präskriptiv gewendet werden können. Mit Blick auf die Grundlagen der Newton'schen Mechanik habe ich diesen wissenschaftstheoretischen Aspekt unter historischer Perspektive an anderer Stelle beispielhaft herausgearbeitet (vgl. Schmit, 2014, 192ff).

[8]Wenn Greutmann, Saalbach und Stern (2020, 19) deutlich machen, dass die Wahl der Hilfsmittel/Medien für das Lehren und Lernen aus kognitions- und lernpsychologischer Sicht zweitrangig ist, schlagen sie in genau dieselbe Kerbe wie Clark. Sie schreiben: „Entscheidend ist in jedem Fall, dass etwa die Fachinhalte auf Lernziele heruntergebrochen werden, dass die Lehrperson an das bei den Schülerinnen und Schülern bestehende Vorwissen anknüpft und eine zur Erreichung der Lernziele adäquate Methode auswählt. Wenn diese Arbeit nicht professionell geleistet wird, dann bringt auch der Einsatz noch so elaborierter Technologien keinen Vorteil vor dem traditionellen Unterricht mit Papier und Wandtafel" (ebd.).

Nachdenken über Digitalisierung

Wie kann vor dem Hintergrund der obigen Überlegungen nun ein gehaltvolles (didaktisches) Nachdenken über Digitalisierung mit Blick auf Schule und Unterricht aussehen? – Sicherlich wäre es in Hinblick auf die vorangegangene Diskussion nicht zielführend, für einzelne digitale Möglichkeiten Lerneffekte auszuweisen. Gleichwohl ist dies in der Vergangenheit oftmals gemacht worden – und es steht zu befürchten, dass dies auch weiterhin geschieht.

Ein Beispiel für unzureichendes Nachdenken über Digitalisierung

Exemplarisch sei für eine solche Form des Nachdenkens über Digitalisierung eine Publikation von Zierer (2018) genannt, in welcher er – wie in der Hattie-Studie (vgl. Hattie, 2009) – für unterschiedliche Digitalisierungsmöglichkeiten (Taschenrechnernutzung, Laptop-Nutzung, webbasiertes Lernen, Power-Point, Lernvideos, …), die im Übrigen auf verschiedenen kategorialen Ebenen liegen und damit kaum vergleichbar sind (Kategorienfehler), Effektstärken ausweist und Rangfolgen erstellt. Abgesehen davon, dass die ausgewiesenen Effektstärken in deutlicher Weise von den zugrundeliegenden Meta-Analysen und Studien abhängen (vgl. zur generellen Kritik an diesem Vorgehen z. B. Wellenreuther, 2018) sind die ausgewiesenen Befunde in Form von Effektstärkewerten auch wenig hilfreich.

Dies sei am Beispiel der Ausführungen Zierers zum Einsatz von PowerPoint erläutert. Auf Basis einer einzigen Metaanalyse von 2006 wird für diese Digitalisierungsmöglichkeit eine Effektstärke von $d = 0,26$ ausgewiesen, was auf der „Hattie-Skala" dem Bereich „wenig Wirkung" zugeordnet wird.

In seinen weiteren Ausführungen hebt Zierer (2016) dann auf Aspekte ab, die in negativer Weise das Lernen mittels Power-Point-Präsentationen bestimmen (Lesen der Folien statt Zuhören; schnelles und wenig überzeugendes Reden des Vortragenden; Überfrachtung von Folien). Durch diese Benennung von kritischen Punkten möchte er dabei deutlich machen, auf welche Weise ein PowerPoint-Einsatz gelingen kann. Mit dieser Diskussion führt er aber gerade den von ihm eingeschlagenen Weg, Effektstärken für Digitalisierungsvarianten auszuweisen, *ad absurdum*, weil er deutlich macht, dass unter veränderten Bedingungen bessere Ergebnisse einer PowerPoint-Nutzung erwartet werden können. Damit wird zugleich an diesem Beispiel implizit deutlich, dass es nicht die Medien *per se* sind, sondern es ihre Nutzung ist, die den Unterschied macht (vgl. den Verweis auf Clark weiter oben). Schließlich hält Zierer (2016, 58) fest: „Um folglich die Möglichkeiten von PowerPoint nutzen zu können, bedarf es einer Lehrerprofessionalität, die um die Grenzen dieses Mediums weiß."

Nun ist der mit dem Verweis auf Lehrerprofessionalität verbundenen Intention in diesem Zusammenhang sicherlich zuzustimmen (auch wenn diese Aussage insgesamt als Gemeinplatz zu werten ist). Fraglich ist jedoch, ob das Wissen über Grenzen einzelner digitaler Möglichkeiten wie PowerPoint der entscheidende Aspekt der Lehrerprofessionalität ist – oder ob es nicht angesichts der zunehmenden Fülle an zur Verfügung stehenden Digitalisierungsprodukten zielführender ist, wenn Lehrerinnen und Lehrer über solides didaktisches Wissen hinsichtlich bedeutsamer Aspekte des Lehrens und Lernens verfügen (vgl. Abschnitt „Kühne' These) und sie vor dem Hintergrund dieses Wissens in der Lage sind, verschiedene „Möglichkeiten im Bereich des Digitalen" professionell einordnen und nutzen zu können. Sicherlich bedarf es hierfür auch eines Wissens darum, welche Möglichkeiten einzelne Digitalisierungsprodukte liefern und wie sie zu bedienen sind, jedoch ist es – im Gegensatz zum Ansatz Zierers (2016) – gerade nicht erforderlich, sich in Hinblick auf jede einzelne digitale Möglichkeit Wissen zu lernrelevanten Charakteristika anzueignen, weil die bedeutsamen lernpsychologischen Zusammenhänge von grundlegender Natur sind.[9]

Prüffragen als Grundlage für ein differenziertes Nachdenken über Digitalisierung

In Form von Prüffragen könnten Lehrerinnen und Lehrer ihr didaktisches Wissen hinsichtlich bedeutsamer Aspekte des Lehrens und Lernens an einzelne digitale Möglichkeiten herantragen. Für *Digitalisierungsprodukte, die von Lehrerinnen/Lehrern genutzt werden (Digitalisierungsprodukte in der Hand der Lehrerin/des Lehrers)*, dürften dabei beispielsweise die folgenden Prüffragen hilfreich sein (Darstellung nicht abschließend):

---

[9]Um es noch einmal anders auszudrücken: Es scheint mir – auch aus arbeitsökonomischer Perspektive – wenig zielführend zu sein, statt über generelles Wissen über lernpsychologische Regelhaftigkeiten zu verfügen, in Hinblick auf einzelne Digitalisierungsprodukte Teilwissen hierzu zu besitzen, das nicht mit bedeutsamen allgemeinen Wissenszusammenhängen vernetzt ist.

- Wird die Aufmerksamkeit auf die relevanten Sachverhalte hin und von den irrelevanten Sachverhalten weg gelenkt? Und geht es um eine kognitive Auseinandersetzung mit diesen Sachverhalten?

- Wird durch die Mediennutzung eine Überlastung des Arbeitsgedächtnisses bei der ersten Aneignung eines Inhalts vermieden?

- Werden zentrale Aspekte eines in Rede stehenden Sachverhalts für alle ausreichend sichtbar dargestellt?

- Unterstützt die Mediennutzung die erforderlichen Lernprozesse auf Makro- und Mikroebene? Erlaubt die Mediennutzung die relevanten Verarbeitungsprozesse?

- Steht das Verstehen, Behalten und Abrufen (Erinnern) relevanter Sachverhalte gleichermaßen im Mittelpunkt?

- Gibt es eine Kohärenz zum bisherigen Unterricht hinsichtlich didaktischer Reduktionen, mit Blick auf Fachbegriffe, auf Darstellungskonventionen,…?

- Können bedeutsame Verstehensfragen bei Nutzung des Mediums hinreichend geklärt werden?

- Ist eine Geschwindigkeit möglich, die den Schülerinnen/Schülern ein ausreichendes Nachvollziehen und Verarbeiten der Zusammenhänge ermöglicht, oder wird aufgrund einer nicht veränderbar großen Geschwindigkeit einer oberflächlichen Auseinandersetzung Vorschub geleistet?

- Gelingt die Nutzung im Gesamt des Unterrichts mit hinreichend Flüssigkeit und Reibungslosigkeit (u. a. *Antifragilität* von Medien; vgl. zum Konzept der Antifragilität Taleb, 2013)?

Für *Digitalisierungsprodukte, die von Schülerinnen/Schülern genutzt werden (Digitalisierungsprodukte in der Hand der Schülerin/des Schülers)*, dürften über die oben aufgeführten beispielsweise auch die folgenden Prüffragen hilfreich sein (Darstellung erneut nicht abschließend):

- Ist eine ausreichende Fokussierung auf relevante Aspekte gegeben oder besteht die Gefahr der Ablenkung, beispielsweise weil technische Aspekte/Bedienungsfragen in den Fokus rücken oder andere Apps nebenbei verwendet werden können (Entstehung von Momenten fehlender Aufmerksamkeit bzw. von Aufmerksamkeitslücken und *switch costs*)?

- Ist zu erwarten, dass die Schülerinnen/Schüler über die erforderlichen Fähigkeiten selbstgesteuerten Lernens verfügen (v. a. mit Blick auf die Steuerung von Lernprozessen) und die notwendige Selbstdisziplin aufbringen bzw. unterstützt hier die App o. Ä. gegebenenfalls?

- Wird eine Aufgabenerledigung ohne relevante Verarbeitungsprozesse unmöglich gemacht (z. B. per *copy & paste*)?

- Gibt es Maßnahmen, die die Nebeneffekte des Lernens in Gruppen berücksichtigen?

- Bestehen *Scaffolding*- bzw. *Enrichment*-Möglichkeiten?

- Besteht eine Möglichkeit zum *Monitoring* (in Hinblick auf die gesamte Klasse/Gruppe sowie mit Blick auf einzelne Schülerinnen/Schüler)?

- Ist die Möglichkeit der Ablenkung von Schülerinnen/Schülern gegeben, die nicht das Digitalisierungsprodukt nutzen (Man könnte hier von einem „Passivraucher-Effekt" beim

Lernen sprechen (s. u.); vgl. Mueller und Oppenheimer 2014, 2016)?[10]

Trade-off-Entscheidungen und flankierende Maßnahmen beim Nachdenken über Digitalisierung

Auch wenn entsprechende Prüffragen bei einer Auseinandersetzung mit einzelnen Digitalisierungsmöglichkeiten tendenziell eher in negativer Weise beantwortet werden, heißt dies keinesfalls, dass das entsprechende Digitalisierungsprodukt nicht zum Einsatz kommen sollte. Vielmehr sind oftmals – unter Berücksichtigung weiterer medialer Möglichkeiten und auch mit Blick auf die begrenzte Ressource Zeit im schulischen Kontext (Stichwort: Maßnahmengüte; vgl. Schott & Azizi Ghanbari, 2012) – *Trade-off-Entscheidungen* zu treffen bzw. es gilt über *flankierende Maßnahmen* nachzudenken, um den Lernerfolg hinreichend abzusichern. Dies sei exemplarisch an mehreren Studien von Mueller und Oppenheimer (2014, 2016; hier i. W. rezipiert nach Neelen & Kirschner, 2020, 182ff) zum selben Themenbereich erläutert.

Die Wissenschaftlerin und der Wissenschaftler untersuchten in mehreren Settings, inwiefern es zu Lernunterschieden kommt,

---

[10]Das Heranziehen derartiger Prüffragen erscheint mir dabei in zielführender Weise ein Nachdenken über Digitalisierungsmöglichkeiten zu befördern und ist aus Lehrersicht sicherlich hilfreicher als zum Beispiel die Arbeit mit Befunden wie dem, dass digitale Medien sich lernförderlich erweisen, wenn sie neben traditionellem Material eingesetzt werden (vgl. Hillmayr, Reinhold, Ziernwald, Reiss, 2017), da derartige Befunde zu pauschal bleiben, weil relevante Faktoren wie beispielsweise die kognitiven Prozesse beim Lehren und Lernen außer Acht gelassen werden.

wenn man bei Lehrveranstaltungen Notizen handschriftlich bzw. mit dem Notebook anfertigt. Dabei zeigte sich ein klarer Lernvorteil handschriftlicher Notizen gegenüber solchen mit dem Notebook („eingetippte Notizen"). Mueller und Oppenheimer erklären diesen Befund damit, dass die Notebook-Notizen in weiten Teilen Transkriptionen der vorgetragenen Inhalte der Lehrveranstaltungen waren, bei denen eine weitergehende kognitive Verarbeitung ausblieb, während die handschriftlichen Notizen Paraphrasierungen, Abstrahierungen oder Zusammenfassungen der Inhalte der Lehrveranstaltungen waren und somit bereits auf kognitiven Verarbeitungsprozessen beruhten. Zudem zeigte sich in den Studien, dass auch ein erneutes Lesen der Notizen zu keinen Veränderungen hinsichtlich der Lernresultate führte, was darauf hindeutet, dass aufseiten der Notebooknutzer hierbei erneut notwendige Verarbeitungsprozesse nicht stattfanden. Als weiteren bemerkenswerten Befund stellten die beiden Wissenschaftler heraus, dass Personen, die selbst kein Notebook nutzten, aber auf einen Bildschirm der Notebooknutzer schauen konnten, ebenfalls schlechtere Lernresultate erzielten („Passivraucher-Effekt", s. o.). Eine Erklärung hierfür wird in der Ablenkungs-Wirkung durch die Notebooks und der damit verbundenen immer wieder kurzzeitig fehlenden Aufmerksamkeit auf den Inhalt der Lehrveranstaltungen gesehen (Aufmerksamkeits-Lücken und *switch costs*).

Die Erläuterungen zu den Studien von Mueller und Oppenheimer (2014, 2016) machen in Anschluss an die Überlegungen im Abschnitt „Kühne These" auf der einen Seite deutlich, dass es – auch wenn es vordergründig so scheint – falsch ist, die vorgefundenen Unterschiede den unterschiedlichen verwendeten Medien (Stift und Notizblock; Notebook) zuzuschreiben. Vielmehr hängen sie mit bedeutsamen lernpsychologischen Regelhaftigkeiten zusammen (kognitive Verarbeitungsprozesse beim Festhalten von Notizen; Verarbeitungsprozesse beim Lesen/Durcharbeiten von Notizen; Faktor Aufmerksamkeit beim Lernen). Und so können dann auch – auf der anderen Seite – unter didaktischer Perspektive flankierende Maßnahmen einer effizienten Nutzung von Notebooks zum Festhalten von Notizen bei Lehrveranstaltungen bedacht werden, sofern dies als etwas Bedeutsames angesehen wird und man nicht einer Variante den Vorzug geben möchte, bei der die Wahrscheinlichkeit an sich erhöht ist, dass bestimmte kognitive Verarbeitungen stattfinden. Im gewählten Beispiel wäre etwa zu verdeutlichen und wohl auch zu begründen, dass es in Hinblick auf Lernresultate günstiger ist, keine Transkripte anzufertigen, sondern lediglich Paraphrasierungen, Abstrahierungen oder Zusammenfassungen. Daneben wären z. B. durch eine geeignete Sitzanordnung organisatorische Maßnahmen zu treffen, die zur Vermeidung von „Passivraucher-Effekten" beim Lernen führen. Hier könnten aber beispielsweise auch Blickschutzfilter für Monitore Verwendung finden.

Man könnte nun einwenden, dass ich hier – entgegen meiner vorherigen Überlegungen – nun doch anhand eines konkreten Beispiels Zusammenhänge aufzeige und diskutiere und es in Hinblick auf Fragen der Lehrerprofessionalität somit doch verstärkt um ein Wissen mit Blick auf einzelne mediale Möglichkeiten gehen müsste. Das ist aber nicht der Fall, weil ich davon ausgehe, dass Lehrerinnen und Lehrer unabhängig von den verwendeten Digitalisierungsprodukten (und auch unabhängig vom Vorliegen entsprechender Studien zu selbigen, die natürlich bestimmte Beurteilungen absichern oder verfeinern können) dazu in der Lage sein müssten, relevantes lernpsychologisches Wissen heranzuziehen, um digitale Möglichkeiten sinnvoll zu beurteilen, und zwar insbesondere auch in Abgrenzung zu herkömmlichen bzw. alternativen Vorgehensweisen und Varianten. Dies ist dabei sicherlich ein anspruchsvolles Unterfangen, unter anderem weil auf der Oberflächenebene Gleiches geschehen kann, jedoch auf der Ebene der Verarbeitung ganz andere Prozesse ablaufen können. So ist z. B. das sichtbare Ergebnis beim handschriftlichen Übertragen einer Abbildung in die Mappe und beim Abfotografieren und Ausdrucken derselben Abbildung für die Mappe dasselbe (Die Abbildung befindet sich in der Mappe.), die kognitiven Prozesse jedoch sicherlich nicht (vgl. hierzu v. a. auch den Abschnitt „Das Schreiben mit Hand ist nicht länger bedeutsam" weiter unten).

Lehrerinnen und Lehrer stehen hier aktuell meines Erachtens vor der Herausforderung, dieser Verarbeitungsprozesse gewahr zu werden, sie zu antizipieren und zu explizieren sowie vor allem aber auch, sie gegenüber der Öffentlichkeit, gegenüber den Eltern und den Schülerinnen und Schülern transparent zu machen, um das eigene Agieren im Kontext von Schule und Unterricht zu begründen.

Weitere Beispiele für ein differenziertes Nachdenken über Digitalisierung

In den Tabellen 1 bis 3 habe ich zur weiteren Verdeutlichung meiner Ausführungen exemplarisch auf Basis einer schlichten Gegenüberstellung zweier unterrichtlicher Varianten für einige unterrichtliche Miniaturen in der gebotenen Kürze entsprechende Überlegungen zur unterrichtlichen Nutzung in Hinblick auf Verarbeitungsprozesse und ggf. erforderliche flankierende Maßnahmen entfaltet.

Tab. 1: Exemplarische Gegenüberstellung zweier Varianten für unterrichtliche Miniaturen in Hinblick auf Verarbeitungsprozesse und ggf. erforderliche flankierende Maßnahmen – Miniatur 1

Variante A	Variante B
Kurzbeschreibung: Die Schülerinnen/Schüler sollen sich mit dem Ziel der Wissenskonsolidierung mit einem auf *youtube* verfügbaren Lernvideo auseinandersetzen.[11]	
Betrachtung in Hinblick auf Verarbeitungsprozesse: Es ist davon auszugehen, dass es durch ausschließliche Betrachtung des Videos nur zu oberflächlichen Verarbeitungsprozessen aufseiten der Schülerinnen/Schüler kommt.	
Flankierende Maßnahmen: Für die Betrachtung des Lernvideos erhalten die Schülerinnen/Schüler ein Arbeitsblatt, auf welchem relevante Stellen des Videos durch Zeitangaben aufgeführt sind. Die Schülerinnen/Schüler erhalten die Aufgabe, das Video jeweils an den entsprechenden Stellen zu stoppen. Auf dem Arbeitsblatt sind zudem zu diesen Stellen beispielsweise Anmerkungen oder Aufgaben festgehalten, die dann von den Schülerinnen/Schüler zu lesen bzw. zu bearbeiten sind.	**Flankierende Maßnahmen:** Mithilfe des Onlinetools H5P wird das Video an geeigneten Stellen mit Anmerkungen und Aufgaben ergänzt. Das Video stoppt beim Betrachten jeweils an den entsprechenden Stellen und die Schülerinnen/Schüler sind aufgefordert, die Anmerkungen oder Aufgaben zu lesen bzw. zu bearbeiten.

---

[11]Hier wird exemplarisch eine Möglichkeit der unterrichtlichen Nutzung von Lernvideos vorgestellt. Weitere denkbare Nutzungsmöglichkeiten, die in entsprechender Weise in Hinblick auf Verarbeitungsprozesse zu durchdenken wären, sind zum Beispiel eine Nutzung zum *Scaffolding* bzw. zur Differenzierung oder eine Verwendung in Hinblick auf den Erwerb von Strategien zum Lernen aus Videos.

Tab. 2: Exemplarische Gegenüberstellung zweier Varianten für unterrichtliche Miniaturen in Hinblick auf Verarbeitungsprozesse und ggf. erforderliche flankierende Maßnahmen – Miniatur 2

Variante A	Variante B
Kurzbeschreibung: Verschiedene Positionen/Ansichten zu einem Diskussionszusammenhang sollen in Form von Stichpunkten von den Schülerinnen/Schülern zusammengetragen werden. Die gesammelten Stichworte sollen über Kärtchen an der Tafel sichtbar gemacht werden.	**Kurzbeschreibung**: Verschiedene Positionen/Ansichten zu einem Diskussionszusammenhang sollen in Form von Stichpunkten von den Schülerinnen/Schülern zusammengetragen werden. Die relevanten Stichpunkte sollen mithilfe der z. B. auf *oncoo.de* zur Verfügung gestellten Möglichkeit einer Kartenabfragefunktion (Visualisierung über Beamer im Klassenraum) sichtbar gemacht werden.
Betrachtung in Hinblick auf Verarbeitungsprozesse: Erfolgt eine Abgabe von – ggf. sogar mehreren – Stichpunkten durch jede einzelne Schülerin/jeden einzelnen Schüler, besteht die Gefahr, dass eine unübersichtliche Fülle an Aspekten sichtbar wird, was in besonderer Weise arbeitsgedächtnisbelastend ist, insbesondere dann, wenn eine Ordnung/Sortierung angestrebt wird, bei der insbesondere logische Zusammenhänge herauszuarbeiten sind.[12]	

---

[12]Der Fokus der hier beschriebenen Unterrichtsminiatur liegt somit auf dem Ordnen/Sortieren nach logischen Gesichtspunkten, wodurch die geteilte Position oder das geteilte Wissen einer Gruppe deutlich gemacht werden soll, und es geht nicht um ein alleiniges Aufrufen möglichst vieler Aspekte.

Variante A	Variante B

Flankierende Maßnahmen: Um die Stichpunktabfrage arbeitsgedächtnisentlastend und mit Blick auf relevante Aspekte kognitiver Operationen (insbesondere logische Analysen) zielführend zu gestalten, wird ein Vorgehen mit Verdichtungen in Kaskadenform gewählt. Dies bedeutet beispielsweise, dass zunächst jede Schülerin/jeder Schüler für sich fünf Stichpunkte notiert, anschließend diskutieren zwei Schülerinnen/Schüler miteinander kategoriengeleitet (ggf. durch entsprechende Aufgabenstellungen bzw. Ordnungsraster angeleitet, die insbesondere auch auf das logische Sortieren und die inhaltlichen Prozesse beim Verdichten abheben, um der Gefahr einer „automatisierten Verdichtungslogik" zu entgehen) ihre Stichpunkte und einigen sich gemeinsam auf fünf (ggf. auch neue) Stichpunkte. Anschließend diskutieren vier Schülerinnen/Schüler die fünf Stichpunkte, auf die sie sich zuvor jeweils zu zweit geeinigt haben, kategoriengeleitet miteinander und einigen sich anschließend erneut auf fünf (ggf. auch neue) Stichpunkte usw.

Variante A	Variante B
Am Ende dieses Prozesses werden fünf Stichpunkte mittels Kärtchen an der Tafel festgehalten und die Lehrerin/der Lehrer erfragt, ob aus Schülerinnen-/Schülersicht noch etwas Wesentliches fehlt. Ggf. weitere Vorschläge werden nach entsprechender Diskussion mit Blick auf die vorgenommenen Sortieroperationen ergänzt.	Da über *oncoo.de* keine Möglichkeit zur Verfügung gestellt wird, dieses kaskadenartige Vorgehen der Verdichtung softwareseitig zu unterstützen, erfolgt erst zum Abschluss eine Notation der relevanten Gesichtspunkte mithilfe dieses Tools. Die Lehrerin/der Lehrer erfragt schließlich, ob aus Schülerinnen/Schülersicht noch etwas Wesentliches fehlt. Ggf. weitere Vorschläge werden nach entsprechender Diskussion mit Blick auf die vorgenommenen Sortieroperationen ergänzt.

Tab. 3: Exemplarische Gegenüberstellung zweier Varianten für unterrichtliche Miniaturen in Hinblick auf Verarbeitungsprozesse und ggf. erforderliche flankierende Maßnahmen – Miniatur 3

Variante A	Variante B
Kurzbeschreibung: Zur Einübung relevanter Fachbegriffe eines Unterrichtsabschnitts erhalten die Schülerinnen/Schüler verschiedene Multiple-Choice-Aufgaben auf einem Arbeitsblatt, das sie in Einzelarbeit bearbeiten sollen. Nach der Bearbeitung erhalten sie eine Musterlösung zum Abgleich ihrer Resultate.	**Kurzbeschreibung**: Zur Einübung relevanter Fachbegriffe eines Unterrichtsabschnitts beantworten die Schülerinnen/Schüler Multiple-Choice-Aufgaben in Einzelarbeit mithilfe der App *QuizAcademy* auf ihren mobilen Endgeräten. Durch die Anwendung erfolgt eine Auswertung korrekter und falscher Lösungen.

Betrachtung in Hinblick auf Verarbeitungsprozesse: Über die Musterlösung haben die Schülerinnen/Schüler die Möglichkeit, ihr Verständnis der relevanten Fachbegriffe zu prüfen. Wie mit Verstehenslücken umzugehen ist, wird jedoch nicht unmittelbar deutlich. Daneben wird auch die Notwendigkeit regelmäßiger Wiederholungen für dauerhaften Lernerfolg nicht herausgestellt.

Variante A	Variante B
Flankierende Maßnahmen: Bei den Musterlösungen ist zu ergänzen, welche Sachverhalte erneut durchgearbeitet werden sollten (ggf. mit Verweisen auf Buchseiten, Aufzeichnungen in der Mappe oder weitere Quellen), wenn die richtige Antwort nicht gegeben werden kann. Durch die Lehrerin/den Lehrer ist in geeigneten Abständen eine erneute Wiederholung einzufordern, wobei, um ein Lernen auf der Ebene von „Reiz und Reaktion" zu verhindern, eine andere Reihenfolge von Fragen und Antwortmöglichkeiten gewählt wird.	**Flankierende Maßnahmen:** Die Schülerinnen/Schüler sind auf besondere Einstellungen der App-Benutzung hinzuweisen, wie beispielsweise auf die Möglichkeit zur Wiedervorlage falsch beantworteter Aufgaben sowie auf die Möglichkeit zur Einstellung eines Lernplanes, über den eine regelmäßige Wiederholung möglich ist. Damit bei Verstehenslücken aber nicht nur auf der Ebene von „Reiz und Reaktion" auf Basis der eingestellten Aufgaben Wissen aufgebaut wird, ist in Hinblick auf falsch beantwortete Aufgaben zusätzlich deutlich zu machen, welche Sachverhalte erneut durchgearbeitet werden sollten (ggf. mit Verweisen auf Buchseiten, Aufzeichnungen in der Mappe oder weitere Quellen).

Zurückzuweisende Forderungen und fragliche Ansichten im Digitalisierungs-Diskurs

Im Sinne einer weitergehenden Untermauerung meiner zuvor vorgetragenen Überlegungen möchte ich im Folgenden auf einige im Kontext des Digitalisierungs-Diskurses geäußerte Forderungen eingehen, die m. E. auf Fehleinschätzungen beruhen und die es daher deutlich zurückzuweisen gilt.

Außerdem werde ich fragliche Ansichten zum Thema „Digitalisierung" mit Blick auf Unterricht und Schule diskutieren. Dazu werde ich jeweils einzelne Forderungen bzw. Ansichten und die ihnen zugrunde liegende Begründung kurz umreißen, ehe ich meine Kritik entfalten werde. Die folgende Auflistung ist erneut keineswegs abschließend.

- **In Zeiten, in denen über das Netz zunehmend nicht-lineare Texte (Hypertexte) mit vielfältigen eingebundenen weiteren Medieninhalten bzw. kurze lineare Texte zur Verfügung stehen, erscheint das Lesen längerer linearer Texte (z. B. von Büchern) verstärkt als eine aus der Zeit gefallene Tätigkeit, die dementsprechend auch weniger im Mittelpunkt schulischen Lernens stehen sollte.**

Im Internet zur Verfügung gestellte Texte sind als kurze lineare Texte bzw. zumeist als nicht-lineare Texte angelegt, die über Hyperlinks oder durch die Einbindung vielfältiger weiterer Medieninhalte (z. B. Videos) ergänzt sind. Aus dem Befund, dass die Verfügbarkeit und der Konsum derartiger Texte gesamtgesellschaftlich ununterbrochen zunimmt, während insgesamt ein Rückgang des Bücherlesens zu konstatieren ist (gerade auch unter den Jüngeren), wird die Forderung abgeleitet, dass das Lesen längerer linearer Texte zunehmend als überholte Tätigkeit anzusehen ist, die dementsprechend auch weniger Zeit in der Schule einnehmen sollte. Da jedoch das Lesen linearer Texte sowie das Lesen nichtlinearer Texte unterschiedliche Tiefen der kognitiven Beschäftigung mit Inhalten erlaubt, ist eine Reduktion resp. Abschaffung der Auseinandersetzung mit erstgenannten nicht zu rechtfertigen. Schließlich scheinen gerade lineare Texte aufgrund bestimmter Textcharakteristika wie beispielsweise komplexerer Argumentationsstrukturen das tiefere Verstehen und das Behalten zu befördern, während durch nicht-lineare Texte vor allem Überblickswissen/Orientierungswissen gut vermittelbar wird.

In diesem Zusammenhang deutlich werdende Unterschiede zwischen dem Lesen analoger und digitaler Texte in empirischen Untersuchungen verweisen daneben auf erforderliche flankierende Maßnahmen (s. o.) für das Rezipieren von Text über Bildschirmmedien (z. B. in Hinblick auf elaborative und reduktive Prozesse, aber auch mit Blick auf *embodied cognition*; vermutlich könnten auch anders geschriebene Bildschirmtexte günstig sein), sofern diese Form der Auseinandersetzung mit Inhalten in Textform angestrebt wird (vgl. hierzu auch Furenes, Kucirkova & Bus, 2021; Clinton, 2019). Lesen ist also nicht gleich Lesen! Wenn sich in Untersuchungen daneben zeigt, dass ohne weitere flankierende Maßnahmen Texte – mit Ausnahme von narrativen Texten – aus digitalen

Umgebungen mit geringerer Konzentration auf den Inhalt oder übersteigertem Vertrauen in die Verständnisfähigkeiten beim Lesen rezipiert werden und in der Folge weniger Verstehen aufseiten der Leserinnen und Leser vorhanden ist, stellt sich aber auch, wie bereits weiter oben an einem anderen Beispiel aufgezeigt, die grundsätzliche Frage, ob angesichts dieser Sachlage nicht zumeist einer medialen Darbietungsform aus dem Grund der Vorzug gegeben werden sollte, dass bereits ohne zusätzliche flankierende Maßnahmen bessere Lernresultate zu erwarten sind, weil relevante kognitive Prozesse mit größerer Wahrscheinlichkeit stattfinden (vgl. FAZ, 22.01.2019; de Bruyckere, Kirschner & Hulshof, 2015, 149ff).[13] Die verschiedenen traditionellen Textrezeptionstechniken sind in dabei keineswegs als Schikane oder überholt anzusehen, sondern elementar für erforderliche Prozesse des Textverstehens und der Textverarbeitung. In diesem Kontext sollte darüber hinaus nicht übersehen werden, dass das Lesenlernen kein natürlicherweise stattfindender Prozess ist, sondern geeigneter Anleitungen und natürlich auch Übungen bedarf, was gleichermaßen für lineare wie nicht-lineare Texte gilt (vgl. de Bruyckere, Kirschner & Hulshof, 2020, 38ff) sowie für die Varianten des langsamen und des schnellen Lesens von Text (Begriffe übernommen von Wolf, 2019; schnelles Lesen ist ausdrücklich nicht im Sinne einer nicht-wirksamen Lernmethode zu verstehen, vgl. de Bruyckere, Kirschner & Hulshof, 2020, 42ff). Mit Blick auf das „schnelle

---

[13]Dass es in diesem Zusammenhang insbesondere auch Fragen der Disziplin von Bedeutung sind (vgl. Baumeister & Tierney, 2011), sei an dieser Stelle nur am Rande erwähnt.

Lesen" stellt sich darüber hinaus die Frage nach dem hierfür erforderlichen Grad an Expertise (vgl. de Bruyckere, Kirschner & Hulshof, 2015, 39ff).

- **Das Schreiben mit Hand ist nicht länger bedeutsam.**
Die Forderung, dass auf ein Schreiben mit Hand verzichtet werden kann, wird vor dem Hintergrund entfaltet, dass wir in einer Welt mit Tastaturen, Touch-Displays und smarten virtuellen (Sprach-)Assistenten leben, in der eine solche Fähigkeit und damit auch ihr Erwerb nicht mehr erforderlich sind.

Eine solche Perspektive auf das Schreiben mit Hand übersieht, dass selbiges für das Lesenlernen von nicht zu vernachlässigender Bedeutung ist. Mit der Hand schreiben zu können, ist also nicht nur ein Ziel von schulischem Unterricht, das Schreiben mit Hand ist selbst auch ein Mittel des Lernens. Wie bereits oben unter Verweis auf die Studien von Mueller und Oppenheimer (2014, 2016) herausgestellt, ermöglicht handschriftliches Notieren daneben ohne flankierende Maßnahmen mit höherer Wahrscheinlichkeit eine größere Verarbeitungstiefe. Zudem erlaubt das handschriftliche Arbeiten eine verbesserte Erinnerungsleistung, weil durch die erforderlichen umfangreicheren Bewegungen beim Schreiben eine komplexere Gedächtnisspur angelegt wird als beispielsweise beim Tippen am PC (*embodied cognition*) (vgl. hierzu auch Umejima, Ibaraki, Yamazaki & Sakai, 2021). Nicht unerwähnt bleiben sollte die Bedeutung des Schreibens für die Ausbildung feinmotorischer Fertigkeiten sowie der Umstand, dass die entfalteten Überlegungen im Kern auch für handschriftliche Zeichnungen usw. Gültigkeit besitzen (vgl. hierzu de Bruyckere, Kirschner & Hulshof, 2020, 13ff).

- **Heutige Schülerinnen/Schüler benötigen als *digitale natives* neue Formen des Lehrens und Lernens.**
Mit dem auf Marc Prensky zurückgehende Begriff der *digitale natives* werden Personen bezeichnet, die von Geburt an „in einer digitalen Welt" aufgewachsen sind und die hierdurch über besondere Kompetenzen (z. B. neue Arten des „Wissens", sicherer Umgang mit technischen Möglichkeiten, Fähigkeit zu Multitasking) verfügen, die neue Formen des Lehrens und Lernens erforderlich machen. Sie werden typischerweise von den *digital immigrants* abgegrenzt, für die Schwierigkeiten hinsichtlich des Aufschließens zu den *digital natives* angenommen werden.

Wie Kirschner und van Merriënboer (2013) herausgestellt haben, basiert die vorgenommene Unterscheidung dabei nicht auf empirischen Befunden zu den entsprechenden Personengruppen, sondern sie ist das Ergebnis der Beschreibung eines subjektiv wahrgenommenen Phänomens.

Nimmt man empirische Befunde in den Blick, dann zeichnet sich ein anderes Bild, das de Bruyckere, Kirschner und Hulshof (2015, 143) wie folgt zusammenfassen: „Digital natives are a myth in their own right. There is no evidence that this current generation needs different education or different work forms than the previous generations." Meine Ausführungen im Abschnitt „‚Kühne' These" zielten ja bereits in

41

genau diese Richtung. Ergänzend ist zu berücksichtigen, dass die Fähigkeit zur adäquaten Nutzung bestimmter technischer Artefakte und Möglichkeiten für schulische bzw. wissensbezogene Zusammenhänge (z. B. für Recherchen im Internet) explizit aufzubauen ist, weil sie nicht durch den Alltagsgebrauch von digitalen Endgeräten sozusagen von selbst aufgebaut wird; die alltägliche Nutzung digitaler Möglichkeiten und ihre Nutzung für schulische Zusammenhänge unterscheiden sich – trotz vieler Parallelen, was die Bedienung als solche betrifft – in vielfältigen Punkten (vgl. de Bruyckere, Kirschner & Hulshof, 2015, 139ff). In Hinblick darauf, dass Menschen keine Multitasker sind (vgl. den Abschnitt „Kühne These") und angesichts der Bedeutung von Aufmerksamkeit für erfolgreiches Lernen ist zudem u. a. zu bedenken, dass eine solche nur für bestimmte, von verschiedenen Faktoren abhängige Zeitspannen in einem erforderlichen Maß aufrecht erhalten werden kann. Bewusst eingesetzte Technik-Pausen, in denen Nachrichten usw. auf digitalen Endgeräten gelesen/geschrieben werden können, könnten angesichts dieser Sachlage beispielsweise dazu beitragen, für eine sich anschließende Lernphase wieder die notwendige Aufmerksamkeit herzustellen und zugleich diese Tätigkeiten in den Lernphasen zugunsten nachhaltigen Lernens insgesamt zu reduzieren (vgl. van der Stighel, 2018, 80f).

- In einer Zeit, in der Informationen jederzeit schnell im Internet abgerufen werden können, ist personales fachliches Wissen weniger bedeutsam und sollte dementsprechend auch weniger im Mittelpunkt schulischen Lehrens und Lernens stehen, zumal Wissen in der heutigen Zeit auch nur eine kurze Halbwertszeit besitzt.

Die hier dargestellte Position knüpft an Überlegungen zur Wissensgesellschaft bzw. einer Gesellschaft auf dem Weg zur Wissensgesellschaft an und rekurriert vor diesem Hintergrund zum einen auf die ständige Verfügbarkeit von Informationen, die beispielsweise über Smartphones gegeben ist, sowie darauf, dass das „Wissen der Menschheit" derzeit mit unglaublicher Geschwindigkeit wächst und dabei kontinuierlich Korrekturen und Verfeinerungen erfährt.

Nun ist es sicherlich richtig, dass das meiste – wenn nicht sogar alles – von dem, was wir von Schülerinnen und Schülern in ihrer Schulzeit zu lernen einfordern, im Internet verfügbar ist – zumeist ergänzt um Vieles, das in der Schule unter einer Perspektive didaktischer Reduzierung gar nicht erst zum Thema gemacht werden soll. Die adäquate Nutzung dieser Informationen hängt aber in entscheidender Weise vom vorhandenen Vorwissen der Schülerinnen/Schüler ab. Selbiges bestimmt, wie erfolgreich sie Recherchen im Internet durchführen, was sie dabei finden, als bedeutsam erachten und genauer durcharbeiten. Es ist daher ein Fehlschluss, auf den systematischen Aufbau personalen fachlichen Wissens verzichten zu können, der im Übrigen auf einer fehlenden Differenzierung zwischen Wissen und Information beruht.

Schließlich ist es das aufseiten der Schülerinnen und Schüler vorhandene Wissen, das bestimmt, was sie bei der Recherche im Internet sehen und verstehen – nicht umgekehrt! Würde man im Übrigen auf den Aufbau personalen Wissens verzichten, wäre es unabdingbar, dass Lernende immer wieder aufs Neue wahrscheinlich auf Basis umfänglicher Recherchen notwendige Zusammenhänge eruieren müssten, ehe sie sich darüber hinausgehende Aspekte erschließen könnten.

Der Aufbau personalen Wissens erscheint vor diesem Hintergrund auch als ein Vorgehen, welches das Verstehen zunehmend komplexerer Zusammenhänge effizient ermöglicht, was insbesondere vor dem Hintergrund der begrenzten Kapazität des Arbeitsgedächtnisses und der *Chunking*-Hypothese verständlich wird. Und hinsichtlich des Aspekts der kurzen Halbwertszeit von Wissen gilt es zudem zu bedenken, dass mit diesem Verweis doch vornehmlich auf den Bereich aktueller Forschung Bezug genommen wird statt auf den Bereich basalen Wissens, das demgegenüber zeitlich vergleichsweise stabil ist und das im Zentrum schulischen Lernens steht (vgl. de Bruyckere, Kirschner & Hulshof, 2015, 39ff).

- **In Schule und Unterricht sollte der Erwerb sogenannter *21ˢᵗ century skills* im Mittelpunkt stehen und nicht das fachliche Lernen.**

Ausgangspunkt der hier wiedergegebenen Position ist die Ansicht, dass Menschen im 21. Jahrhundert über besondere Fertigkeiten und Fähigkeiten verfügen müssen, um den sich stellenden zunehmend komplexer werdenden gesellschaftlichen Anforderungen gerecht zu werden. Zu den eingeforderten *21ˢᵗ century skills* zählen dabei Kommunikation, Kollaboration, Kreativität und kritisches Denken (zusammengefasst im sogenannten 4K-Modell), Selbstregulation, Mediennutzungskompetenz, Problemlösefähigkeit uvm. Fernab des Umstandes, dass der Rekurs auf *21ˢᵗ century skills* unberücksichtigt lässt, dass unter diesem Begriff zumeist Fertigkeiten und Fähigkeiten subsumiert werden, die deutlich älter sind und heutzutage oft nur in veränderter Weise relevant werden, übersieht die hier wiedergegebenen Position, dass der Erwerb und auch die Umsetzung der entsprechenden Fertigkeiten und Fähigkeiten in deutlicher Weise von domänenspezifischem Wissen abhängt, wohingegen ein Transfer zwischen Inhaltsgebieten sehr schwierig zu erreichen ist. Die Schulung entsprechender Fertigkeiten und Fähigkeiten statt des fachlichen Lernens in den Fokus von Schule und Unterricht zu rücken, erscheint daher als Irrweg (vgl. de Bruyckere, Kirschner & Hulshof, 2020, 2ff; 21ff). Hier gilt somit im Kern das, was Stern (2006) in den Nullerjahren plakativ in Hinblick auf Klipperts Methodentraining herausstellte: „Inhalt statt Methode".[14]

---

[14]Ins gleiche Horn bläst im Übrigen auch Sweller, der angesichts von Forderungen nach einer stärkeren Schulung von Problemlösefähigkeiten im australischen Mathematikunterricht konstatiert: „Content is the only thing you can teach. The evidence over 100 years is really quite overwhelming. If you want somebody to be good at mathematics, you teach them mathematics. You don't teach them general skills such as problem-solving and how to think" (vgl. Visentin, 2021).

- **Schülerinnen/Schüler können selbst am besten einschätzen, auf welche Weise sie effizient lernen.**

  Der Ansicht, dass Schülerinnen/Schüler selbst am besten dazu in der Lage sind, das für sie besonders geeignete Vorgehen beim Lernen zu wählen, liegt einerseits die Idee verschiedener Lerntypen zugrunde und andererseits basiert diese Ansicht auf der Annahme, dass Schülerinnen/Schüler ihre Lernfortschritte und -resultate auf Basis der realisierten Vorgehensweisen beim Lernen bewusst sind.

Nur kurz sei hier darauf verwiesen, dass das vielfach in didaktischen Kontexten propagierte Lerntypenkonzept wissenschaftlich nicht haltbar ist, weswegen Stern (in Felten & Stern 2012, 51) mit Blick auf selbiges von einer „pseudowissenschaftlichen Psychologisierung" spricht (vgl. für weitere Auseinandersetzungen zum Beispiel de Bruyckere, Kirschner & Hulshof, 2015, 20ff; Schmit, 2014, 265f).

In Hinblick auf die Frage, inwieweit es Schülerinnen und Schülern gelingt, Verbindungen zwischen Lernfortschritten und -resultaten auf der einen Seite sowie dem zugrunde liegenden Lehr-Lern-Setting auf der anderen adäquat zu ziehen, sei hier das Ergebnis einer Meta-Analyse von Uttl, White und Gonzalez (2016) angeführt. Die drei Wissenschaftler bündelten in ihrer Arbeit Studien, die sich mit der Frage befassten, inwieweit Schülerinnen/Schüler dazu in der Lage sind, den eigenen Lernerfolg mit Blick auf den erteilten Unterricht präzise einzuschätzen. Dabei zeigte sich, dass sie hierzu nicht in der Lage sind (ausgewiesener Korrelationswert nahezu 0). Sie können also nicht adäquat einschätzen, auf welche Weise sie effizient lernen, was wohl insbesondere auch mit dem fehlenden Wissen um kritische Aspekte erfolgreichen Lernens auf Makro- und Mikroebene zusammenhängen dürfte (vgl. hierzu de Bruyckere, Kirschner & Hulshof, 2020, 141 ff). Dieser Befund macht dabei deutlich, dass auch weiterhin die Lehrerinnen und Lehrer in der besonderen Pflicht stehen, für Schülerinnen und Schüler auf das Lernen bezogene Lehr-Lern-Arrangements optimal zu gestalten.

Fazit

Ausgehend von einer kritischen Betrachtung des aktuellen Digitalisierungsdiskurses in Hinblick auf Schule und Unterricht habe ich im vorliegenden Text Überlegungen zu einer Auseinandersetzung mit digitalen Möglichkeiten vor dem Hintergrund einer Didaktik auf (lern-)psychologischer Grundlage entfaltet. Eine solche Form der Auseinandersetzung erscheint mir dabei in besonderer Weise geboten, um als Lehrerin/Lehrer gegenüber weiteren Akteurinnen/Akteuren (Elternschaft, Schülerschaft, Öffentlichkeit) in deutlicher Weise sachlich relevante Argumente für und gegen die Nutzung bestimmter Digitalisierungsmöglichkeiten ins Feld führen zu können. In entsprechenden Diskurszusammenhängen dürfen aber auch schulische und unterrichtliche Rahmenbedingungen, die Schule als Institution prägen, nicht übersehen werden, beispielsweise die nur begrenzt vorhandenen zeitlichen Ressourcen (Stichwort: Maßnahmengüte, s. o.). In Hinblick auf selbige stellt sich u. a. die Frage nach einer möglichst effizienten Nutzung der vorhandenen Lernzeit bzw. in Hinblick auf digitale Möglichkeiten zum Beispiel die Frage, welcher Zeitaufwand für das Erlernen des Umgangs mit (verschiedenen) Programmen/Apps – gerade auch in Hinblick auf andere Formen der Nutzung von Unterrichtszeit – vertretbar ist.

Dobelli (2017, 39ff) diskutiert unter dem Begriff „Antiproduktivität" den Aspekt, dass technologische Errungenschaften wie zum Beispiel E-Mails sich bei genauerem Hinsehen als insgesamt wenig effizient herausstellen, weil mit den technologischen Errungenschaften Nebeneffekte einhergehen, die auf den ersten

Blick gar nicht ins Auge fallen (bei E-Mails zum Beispiel die Zunahme schriftlicher Nachrichten mit eher weniger bedeutsamen Inhalten oder auch Spam-Mails). Auch diesen Aspekt müsste der Diskurs über Digitalisierung mit Blick auf Schule und Unterricht näher betrachten. Zugleich darf er (direkt erlernte oder indirekt stattfindende) „Anpassungsprozesse" in Hinblick auf digitale Produkte nicht aus dem Auge verlieren. Dies gilt beispielsweise in Hinblick auf das Phänomen der *banner blindness*, also der Fähigkeit, Werbung auf Internetseiten beim Lesen selbiger „auszublenden" (vgl. van der Stighel, 2016, 76f).

Digitale Möglichkeiten *per se* als ein Mittel zur Verbesserung schulischen Lehrens und Lernens zu verstehen, ist – das haben die hier vorgestellten Überlegungen deutlich gemacht – somit sehr naiv: Es reicht keinesfalls aus, das Gute zu wollen!

Literatur

Aebli, H. (2006/1983): *Zwölf Grundformen des Lehrens. Eine Allgemeine Didaktik auf psychologischer Grundlage. Medien und Inhalte didaktischer Kommunikation, der Lernzyklus.* Stuttgart: Klett-Cotta.

Aebli, H. (1997/1987): *Grundlagen des Lehrens. Eine Allgemeine Didaktik auf psychologischer Grundlage.* Stuttgart: Klett-Cotta.

Baumeister, R. & Tierney, J. (2012): *Die Macht der Disziplin. Wie wir unseren Willen trainieren können.* Frankfurt: Campus Verlag.

Baumert, J.; Kunter, M.; Blum, W.; Klusmann, U.; Krauss, S. & Neubrand, M. (2011): Professionelle Kompetenz von Lehrkräften, kognitive Aktivierung im Unterricht und Lernfortschritte von Schülerinnen und Schülern. In: M. Kunter; J. Baumert; W. Blum; U. Klusmann, S. Krauss & M. Neubrand (Hrsg.): *Professionelle Kompetenz von Lehrkräften. Ergebnisse des Forschungsprogramms COACTIV.* Münster: Waxmann, 7-25.

Clark, R. E. (1983): Reconsidering Research on Learning from Media. In: *Review of Educational Research,* 53, 445-459.

Clark, R. E. (1994): Media Will Never Influence Learning. In: *Educational Technology Research and Development,* 42,2, 21-29.

Clark, R. E. & Feldon, D. F. (2014): Ten Common but Questionable Principles of Multimedia Learning. In: R. E. Mayer (Ed.): *The Cambridge Handbook of Multimedia Learning* (2nd Ed.). Cambridge, MA: Cambridge University Press, 151-173.

Clinton, V. (2019): Reading from paper compared to screens: A systematic review and meta-analysis. In: *Journal of Reasearch in Reading*, 42, 2, 288-325.

de Bruyckere, P.; Kirschner, P. A. & Hulshof, C. (2015): *Urban Myths about Learning and Education*. London: Elsevier.

de Bruyckere, P.; Kirschner, P. A. & Hulshof, C. (2020): *More Urban Myths about Learning and Education. Challeging Eduquacks, Extraordinary Claims, and Alternative Facts*. New York: Routledge.

Dobelli, R. (2017): *Die Kunst des guten Lebens. 52 überraschende Wege zum Glück*. München: Piper.

FAZ (Frankfurter Allgemeine Zeitung) (22.01.2019): *Erklärung von 130 Forschern: Zur Zukunft des Lesens*. Internetadresse: www.faz.net/aktuell/feuilleton/buecher/themen/stavanger-erklaerung-von-e-read-zur-zukunft-des-lesens-16000793.html (26.12.2020).

Felten, M. & Stern, E. (2012): *Lernwirksam unterrichten. Im Schulalltag von der Lernforschung profitieren* (2. Aufl.). Berlin: Cornelsen.

Furenes, M. I.; Kucirkova, N. & Bus, A. G. (2021): A Comparison of Children`s Reading on Paper Versus Screen: A Meta-Analysis. In: *Review of Educational Research*. Internetadresse: journals.sagepub.com/doi/pdf/10.3102/0034654321998074 (10.04.2021). Online-First-Publikation.

Garton Ash, T. (2016): *Redefreiheit. Prinzipien für eine vernetzte Welt*. München: Hanser.

Greutmann, P.; Saalbach, H. & Stern, E. (Hrsg.) (2020): *Professionelles Handlungswissen für Lehrerinnen und Lehrer. Lernen – Lernen – Können*. Stuttgart: Kohlhammer.

Grospietsch, F. & Mayer, J. (2019): Pre-service Science Teachers' Neuroscience Literacy: Neuromyths and a Professional Understanding of Learning and Memory. In: *Frontiers in Human Neuroscience*, 13, 20, 1-16.

Hattie, J. (2009): *Visible Learning. A Synthesis of Over 800 Meta-Analyses Relating to Achievement.* London: Routledge.

Hillmayr, D.; Reinhold, F.; Ziernwald, L. & Reiss, K. (2017): *Digitale Medien im mathematisch-naturwissenschaftlichen Unterricht der Sekundarstufe. Einsatzmöglichkeiten, Umsetzung und Wirksamkeit.* Münster: Waxmann.

Kiper, H. (2013): *Theorie der Schule. Institutionelle Grundlagen pädagogischen Handelns.* Stuttgart: Kohlhammer.

Kiper, H. & Mischke, W. (2004): *Einführung in die Allgemeine Didaktik.* Weinheim: Beltz.

Kiper, H. & Mischke, W. (2006): *Einführung in die Theorie des Unterrichts.* Weinheim: Beltz.

Kiper, H. & Mischke, W. (2008): *Selbstreguliertes Lernen – Kooperation – Soziale Kompetenz. Fächerübergreifendes Lernen in der Schule.* Stuttgart: Kohlhammer.

Kiper, H. & Mischke, W. (2009): *Unterrichtsplanung.* Weinheim: Beltz

Kirschner, P. A. & Hendrick, C. (2020): *How Learning Happens. Seminal Work in Educational Psychology and What They Mean in Practice.* New York: Routledge.

Kirschner, P. A. & van Merriënboer, J. J. G. (2013): Do Learners Really Know Best? Urban Legends in Education. In: *Educational Psychologist*, 48, 3, 1-15.

Klauer, K. J. (2011): *Transfer des Lernens. Warum wir oft mehr lernen, als gelehrt wird.* Stuttgart: Kohlhammer.

Klauer, K. J. & Leutner, D. (2007): *Lehren und Lernen. Einführung in die Instruktionspsychologie.* Weinheim: Beltz.

Kounin, J. S. (1976/2006): *Techniken der Klassenführung.* Münster: Waxmann.

Kultusministerkonferenz (2016): *Bildung in der digitalen Welt. Strategie der Kultusministerkonferenz.* Internetadresse: www.kmk.org/fileadmin/pdf/PresseUndAktuelles/2018/Digitalstrategie_2017_mit_Weiterbildung.pdf (17.08.2021).

Miller, D. & Oelkers, J. (2020): COVID-19 oder zwei Monate im Ausnahmezustand. Nachbemerkungen zum Schulbetrieb in Zeiten der Coronakrise. In: D. Miller & J. Oelkers (Hrsg.): *„Selbstgesteuertes Lernen": Interdisziplinäre Kritik eines suggestiven Konzepts. Mit Nachbemerkungen zum Corona-Lockdown.* Weinheim: Beltz, 280-295.

Mueller, P. A. & Oppenheimer, D. M. (2014): The Pen is Mightier Than the Keyboard. Advantages of Longhand Over Laptop Note Taking. In: *Psychological Sciene,* 25, 1159-1168.

Mueller, P. A. & Oppenheimer, D. M. (2016): Technology and Note-Taking in the Classroom, Boardroom, Hospital Room, and Courtroom. In: *Trends in Neuroscience and Education,* 5, 3, 139-145.

Neelen, M. & Kirschner, P. A. (2020): *Evidence-Informed Learning Design. Creating Training to Improve Performance.* London: Kogan Page

Schmit, S. (2009). *Kooperative Lernaufgaben für den Physikunterricht.* Oldenburg: Didaktisches Zentrum.

Schmit, S. (2010): Modi der Weltbegegnung als Denkrahmen der Unterrichtsfächer – über das Verstehen fachlicher Operationen aus einer Metaperspektive. In: H. Kiper; W. Meints; S. Peters; S. Schlump & S. Schmit (Hrsg.): *Lernaufgaben und Lernmaterialien im kompetenzorientierten Unterricht.* Stuttgart: Kohlhammer, 237-250.

Schmit, S. (2014): *Schulbücher als Lehr- und Lernmaterialien: Das Thema ‚Bewegungsbeschreibung' in Physikschulbüchern der Sekundarstufe I.* Berlin: Logos.

Schmit, S. (2019): *Planung, Durchführung und Auswertung von Physikunterricht am Beispiel der klassischen Mechanik in der Einführungsphase. Eine Studie über das Lehren und Lernen von Physik im Kontext von Schule und Unterricht.* Berlin: Logos.

Schmit, S.; Peters, S.; Schlump, S. & Kiper, H. (2010): Wege zu einem kompetenzorientierten Unterricht durch die Gestaltung von Lernaufgaben – Perspektiven für die (Fach-)Didaktiken. In: H. Kiper; W. Meints; S. Peters; S. Schlump & S. Schmit (Hrsg.): *Lernaufgaben und Lernmaterialien im kompetenzorientierten Unterricht.* Stuttgart: Kohlhammer, 211-223.

Schott, F. & Azizi Ghanbari, S. (2012): *Bildungsstandards, Kompetenzdiagnostik und kompetenzorientierter Unterricht zur Qualitätssicherung des Bildungswesens. Eine problemorientierte Einführung in die theoretischen Grundlagen.* Münster: Waxmann.

Seel, N. M. & Hanke, U. (2010): *Lernen und Behalten.* Weinheim: Beltz.

Snider, V. E. & Roehl, R. (2007): Teachers' Belief about Pedagogy and Related Issues. In: *Psychology in the Schools*, 44, 8, 873-886.

Steindorf, G. (1981): *Grundbegriffe des Lehrens und Lernens.* Bad Heilbrunn: Klinkhardt.

Steiner, G. (2020): Selbstreguliertes Lernen – Voraussetzungen zu seiner Genese. In: D. Miller & J. Oelkers (Hrsg.): *„Selbstgesteuertes Lernen": Interdisziplinäre Kritik eines suggestiven Konzepts. Mit Nachbemerkungen zum Corona-Lockdown.* Weinheim: Beltz, 131-155.

Steins, G.; Bitan, K. & Haep, A. (2014): *Sozialpsychologie des Schulalltags. Im Klassenzimmer. Band 2.* Lengerich: Pabst.

Stern, E. (2004): Wieviel Hirn braucht die Schule? Chancen und Grenzen einer neuropsychologischen Lehr-Lern-Forschung. In: *Zeitschrift für Pädagogik*, 50, 4, 531-538.

Stern, E. (2006): Inhalt statt Methode. Durch Lehrertraining allein wird der Unterricht nicht besser. In: *Die Zeit*, 20.04.2006. Internetadresse: www.zeit.de/software/tests/k4import/B-Klippert_Replik_xml (27.12.2020).

Taleb. N. N. (2013): *Antifragilität. Anleitung für eine Welt, die wir nicht verstehen.* München: Albrecht Knaus Verlag.

Taleb, N. N. (2018): *Das Risiko und sein Preis. Skin in the Game.* München: Penguin Verlag.

Umejima, K.; Ibaraki, T.; Yamazaki, T. & Sakai, K. L. (2021): Paper Notebooks vs. Mobile Devices: Brain Activation Differences During Memory Retrieval. In: *Frontiers in Behavioral Neuroscience*, 15:634158.

Uttl, B.; White, C. A. & Gonzalez, D. W. (2017): Meta-Analysis of Faculty's Teaching Effectivness: Student Evaluation of Teaching Ratings and Student Learning are Not Related. In: *Studies in Educational Evaluation*, 54, 22-42.

van der Stighel, S. (2018): *Concentration. Staying Focused in Times of Distraction.* London: The MIT Press.

van der Stighel, S. (2016): *How Attention Works: Finding Your Way In A World Full Of Distraction.* London: The MIT Press.

Vidal, N. (2020): „Der Lehrer ist lediglich der letzte Ausweg". Eine Analyse von Praxisempfehlungen zum selbstgesteuerten Lernen. In: D. Miller & J. Oelkers (Hrsg.): *„Selbstgesteuertes Lernen": Interdisziplinäre Kritik eines suggestiven Konzepts. Mit Nachbemerkungen zum Corona-Lockdown.* Weinheim: Beltz, 232-248.

Visentin, L. (2021): *'Maths Must Change': Experts Push for More Problem-solving in Maths Curriculum.* Internetadresse: www.smh.com.au/politics/federal/maths-must-change-experts-push-for-more-problem-solving-in-maths-curriculum-20210408-p57hj0.html (11.04.2021).

Wellenreuther, M. (2018): *Lehren und Lernen – aber wie? Ein Studienbuch für das Lehramtsstudium.* Baltmannsweiler: Schneider Verlag Hohengehren.

Wellenreuther, M. (2019): *Forschungsbasierte Schulpädagogik. Anleitungen zur Nutzung empirischer Forschung für die Schulpraxis.* Baltmannsweiler: Schneider Verlag Hohengehren.

Willingham, D. T. (2009): *Why Don't Students Like School? A Cognitive Scientist Answers Questions About How The Mind Works And What It Means For The Classroom.* San Francisco: Jossey-Bass.

Wolf, M. (2019): *Schnelles Lesen, langsames Lesen. Warum wir das Bücherlesen nicht verlernen dürfen.* München: Penguin Verlag.

Zierer, K. (2018): *Lernen 4.0. Pädagogik vor Technik. Möglichkeiten und Grenzen einer Digitalisierung im Bildungsbereich.* Baltmannsweiler: Schneider Verlag Hohengehren.